Yim Plhis, Yim Kawm, Yim Hais

Copyright © 2025 by Ratsamee Lee
All rights reserved. No part of this book may be reproduced, distributed, or transmitted in any manner without written permission from the publisher.
Book design by Ratsamee Lee
ISBN: 979-8-9905738-0-2
First paperback edition August 2025
Funded in part by AmeriCorps & The University of Wisconsin-Whitewater Grant Number 22REAWl001
A project of MN Zej Zog
In collaboration with Dr. Kha Yang Xiong of Hmong Children's Books

www.hmongchildrensbooks.com

Yim Plhis, Yim Kawm, Yim Hais

A Collection of Hmong & English Poems

Ratsamee Lee

Dedicated to the resilient spirits of
Hmong poets and the Hmong community

Paj Huam is a traditional Hmong poetry style, vital to Hmong culture and traditions. It aims to preserve aspects such as culture, history, folklore, and themes of friendship, family, and love.

Each line consists of at least seven syllables, following a structure of three words followed by four, often with a rhyme scheme, particularly at the end of each line.

Table of Contents

Chapter 1 - Hmong Poems (Paj Huam Hmoob)

Hmoob Lub Neej Thaum Ub Yuav Tsum Nco Sib Hlub — Page 1
Kawm Ua Ke Thiaj Li Txawj Ntse — Page 3
Koom Siab Tau Kev Zoo Siab — Page 5
Ntiaj Teb Ciaj Haiv Neeg — Page 6
Poj Niam Tus Duab Ntxoo, Tus Mi Noog — Page 7
Hmoob Yog Leej Twg — Page 8
Tsim Tsiab Peb Caug — Page 9

Table of Contents

Chapter 2 - English Poems

To Be Old Was To Once Be Young — Page 11
Sleepless — Page 13
Paper Worth — Page 15
Ashes — Page 17

CHAPTER 1: Paj Huam Hmoob
-Khaws Cia Txuj Ci Hmoob-

Hmoob Lub Neej Thaum Ub, Yuav Tsum Nco Sib Hlub

Hmoob lub neej puas muaj chaw so
    Puas paub nco lub neej thaum ub
Kev sib hlub raug kev sib ntxub
    Puas muaj hnub peb muaj chaw mus
Li luag tus kom kua muag tu
    Thaum luag hu kom peb paub teb
Tias yog peb, peb yog cov Hmoob
    Uas tuaj coob vim raug luag caum
Li kev khaum, li tsis muaj xaus
    Peb tej laus thiaj tau hais qhia
Kom paub cia peb lub keeb kwm
    Luag tsis hwm peb thiaj tau khiav
Tsis pub nrhiav, tsam peb tu noob
    Peb thiaj poob peb lub teb chaws

Peb thiaj raws, raug kev txom nyem
    Raug kev phem, ua kua muag ntws
Li dej ntws, li kua muag ntshav
    Poob roob hav, peb tsis pom kev
Tsis muaj tsev, poob qab rau luag
    Yuav tsum cuag, thiab yuav tsum khaws
Kom tau raws, kev vam li luag
    Kom tau cuag, kom muaj hwj chim
Zoo tswv yim, peb tseem yog Hmoob
    Tsis tau poob peb Hmoob rab qeej
Hauv lub neej, los rau daim paj ntaub
    Peb thiaj paub thiab peb thiaj nco
Tsis muaj tso tias Hmoob
    Yog neeg muaj kev ywj pheej

Kawm Ua Ke Thiaj Li Txawj Ntse

Sawv ntxov me kab me noog quaj raug siab zim
Tib neeg sawv nrog kev laj lim
Me nyuam muaj hmoo mus kawm ntawv
Pab qhia kom paub qhib lub siab lub plawv
Cov laus mus ua hauj lwm thiab ua laj kam
Kawm loj hlob los thiaj tsis pub plam
Yug los nrog niam thiab txiv
Nrog cov nus muag, viv ncaus kawm ABC
Caij npav mus rau chav kawm
Mloog lus thiab coj zoo thiaj tau tawm
Yus nyob tau kawm nrog luag
Yuav tsum paub qhov yus nyiam yus cuag
Pib thaum yus mos, yus nyob kawm ib tse
Ncaj rau kev kawm ntawv es kawm ua ke
Tig ua laj kam yus yuav tsum paub xav
Cia yus cov npoj yaig yog yus tus tav

*npoj yaig: colleagues, friends

Thaum muaj kev zoo siab zoo hnub
Cia siab sib faib kev hlub
Thaum muaj kev qhia kev kawm
Ua tib zoo mloog yus thiaj paub cawm
Thaum muaj kev nyuaj siab, poob siab
Qhib lub siab cia siab rau hnub tshiab
Txhob nyob ntsiag to
Ib tsam tsis muaj sij hawm so
Es rov los nyob kawm thiab vam sib ze
Thiaj tau rov los tsim tau lub npe
Tsim los ntawm kev phooj kev ywg
Tsim los ntawm kev nyob koom zej koom zos
Tsim los ntawm kev sib hlub sib txhawb
Tsim los ntawm nyob ua ib tsev neeg
Tsim los ntawm kev kawm ntaub kawm ntawv
Vim yog kev kawm sawv daws thiaj tau kev zoo siab
thiab kev vam ua ke
Li ib tse uas muaj koob nrov npe

Koom Siab Tau Kev Zoo Siab

Sib koom siab, koom tes ua ke
Li ib tse, txhua leej txhua tus
Sawv daws mus, sib koom tes kawm
Vim sij hawm tsuas paub tig mus
Kom txhua tus koom kev lom zem
Txawm luag cem, txawm luag yuav thuam
Ib sij huam poob rau xib teg
Tsis txhob tseg kev nyob ua ke
Txawm yuav me thiab txawm yuav loj
Txhob cia ploj, yuav tsum nquag nquag
Thiaj tau cuag, tsim kev phooj ywg
Nrog tus twg uas yuav pab yus
Nrog luag mus tsim kho tswv yim
Twb yog vim kawm txog hom neeg
Thiab tau ntseeg txog luag keeb kwm
Uas yus hwm, uas yus xav kawm
Thaum tau tawm, yus thiaj tau ris txiaj ntsig
thiab pab tau luag

Ntiaj Teb Ciaj Haiv Neeg

Hmoob, Nyab Laj, Nplog, Thaib, Kaus Lim,
Suav, Fabkis, Mev, Khej Dub
Hnub no yog peb hnub
Los sib koom ua ib pab
Los koom sib hais sib txhab
Cia siab kawm txog peb haiv neeg
Cia siab kawm thiab ntseeg
Txog peb cov haiv
Uas peb tau xaiv
Los txaus siab qhia
Kom luag paub thiab khaws cia
Peb zoo nkauj thiab muaj meej mom
Peb thiaj qhia kom luag pom
Peb tej ris tej tsho
Tsim los zoo nkauj npaum li no
Li peb cov lus hais
Tsis pub luag cais
Peb thiaj tau ua neej
Sib txhawb kom muaj kev vam meej

Poj Niam Tus Duab Ntxoo, Tus Mi Noog

Tus mi noog muaj tis ya,
Poj niam muaj chaw tsim tsa

Poj niam muaj chaw puab
Tus mi noog seev tau suab

Tus mi noog muaj chaw nqis
Poj niam muaj chaw plhis

Poj niam muaj chaw so plhu
Tus mi noog muaj chaw hu

Tus mi noog muaj tej sij hawm mag nkuaj,
Poj niam muaj sij hawm poob kua muag, quaj

Tiam sis, poj niam muaj peev xwm,
Li tus mi noog los luag yeej hwm

Tus mi noog muaj tswv yim,
Poj niam muaj hwj chim
Li ntawd, tus mi noog yog tsim
Los ua poj niam tus duab ntxoo

*Won third place for SMSU Telling Women's Stories Contest, 2023

Hmoob Yog Leej Twg?

Peb haiv Hmoob, peb yog ib haiv
Tsis txhob caiv, peb yog ib tse
Peb lub cev, peb cov roj ntsha
Poob roob hav, peb lub kua muag
Peb tau cuag, peb lub teb chaws
Raug luag khaws, peb hav liaj teb
Peb yeej teb, peb tej tsoos tsho
Yog ib qho, peb tej lo lus
Yog luag tus, keeb kwm puav pheej
Kawm kom meej, peb lub keeb kwm
Yuav tsum hwm, peb cov paj ntaub
Yuav tsum paub, tsam tsis muaj Hmoob
Peb cov lus yuav poob
Nco ntsoov khaws cia peb cov xeeb ntxwv
Thiaj txawj kawm txawj qhia
Hais tias peb Hmoob yog leej twg

Tsim Tsiab Peb Caug

Peb tsiab peb caug
Tsim rau peb taug
Hnav tsoos ris tsoos tsho
Koom kev lom zem ib hmo
Luag ntxhi pov pob
Ua zoo tsam pov raug mob
Tsis ua cas vim yog kev ua zoo siab
Rau peb Hmoob lub xyoo tshiab
Sib yaum sib hais sib hu tuaj
Txhua yam los tsiab peb caug muaj
Ua cas mov tshw ntxim qab
Ua rau peb sawv daws tshaib plab

Kav liam, los peb mus seev cev
Muaj kev nkaj siab ua ke
Los peb mus pov pob
Tsis hais tus yau tus hlob
Tsis hais tus muaj los tus pluag
Tso tas nrho txhua yam yav tag uas peb tsis cuag
Tsis hais tsev neeg twg, xeem twg, tuaj qhov twg tuaj
Ib tiam dhau ib tiam peb Hmoob
Tau los sib koom tsim tsiab peb caug
Es thov hais nyob zoo xyoo tshiab rau peb haiv Hmoob

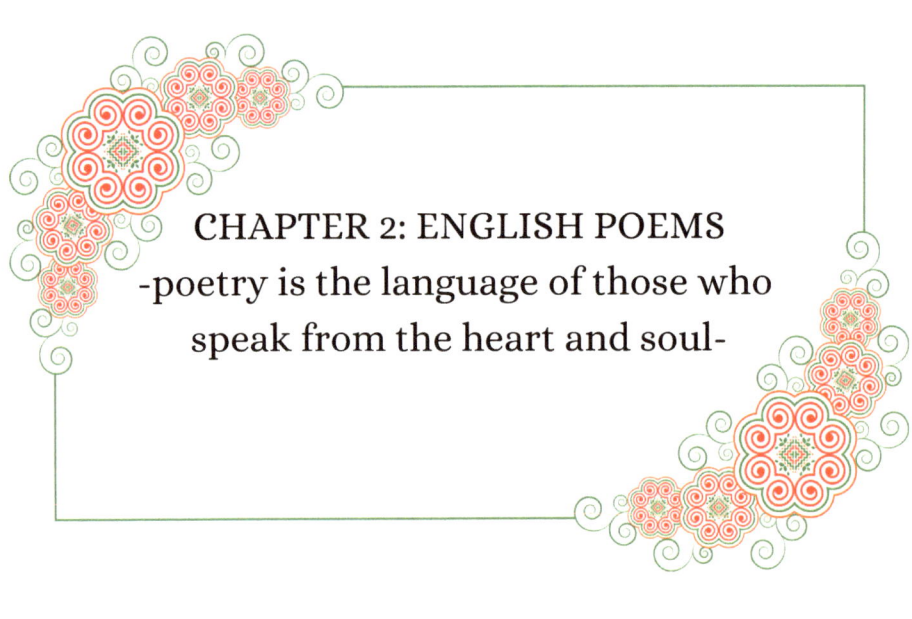

CHAPTER 2: ENGLISH POEMS
-poetry is the language of those who speak from the heart and soul-

To Be Old Was to Once Be Young

Born in the midst of Laos
A country filled with rain, coolness, and hotness
Soiled with long lands and humps of high-top mountains
Tangled with roaring, spirited, and wide jungles
Infused with plentiful rich cultures, diverse ethnicities
1954: he lets out a cry, opening his eyes to a new world; to a Hmong family
1960: liveliness filled the home; smelling of spices and firewood
—Shoeless children and their laughs pack the air
—Chickens and pigs rustling through the farmhouses
—Night to dawn, venturing village to village endlessly,
—Whilst unfolding stories of love, animal hunting, and family gatherings

1965: burdened with the sudden war; left to shower with tears
1975: tirelessly lost—running—fighting—left without a home—refugee camps
Floating in the air—debris and spirits of once what was human life,
For what once was a place of happiness and freedom
Now gone with the wind and away with the lost souls,
Yet still remembering what once was
Whilst the clock ticked, it was time to find a new home
—1980: sniffing in the crisps new air; hope and the new life
A new home: the United States of America
—2024: life as a elderly senior remembering that to be old was to once be young

Sleepless

The world often sleeps soundly
When the day has quiet down
Birds stopped chirping
Babies and children have rested
Very few cars are running
The sun has set
And the moon has risen
But there is something else
That cries sleeplessly
Fists held up high
Feet tapping as they walk
Voices echoing as they speak
Breath cracking like something crisp
During the night
During the day
During the afternoon
They sound like a church bell
Ringing from the rise of dawn
To the end of the last pop from a car engine

But is there really a last pop?
When people are crying
When people are pleading
When people are trying
When people are protesting
When people are gathering
They are forgetting about resting
Because they are sleepless
From the injustice
From the oppression
From the lack of empathy
From the hatred
From the discrimination
From the genocide
From the wars
Righteousness must be done
So they have all taken a leap
And for it is sleepless they are.

Paper Worth

Just a piece of paper
Thin, rectangular
Light, foldable
To a round sized
Silver, copper, metal coin
Passed around
Yet still with great value
Worth so much
Like the weight of an elephant
Chomping on its fruits and vegetables
For it is part of its survival
All whilst sitting on a breathless human
Swinging their hands and wobbly feet
Screaming, yet not heard
Is that what it is?
For some people they have nothing

Their scream swooshes across
High tops on mountains
Over the rocks and land
Splashing and crashing where
Their cries flow with the rivers
Flushed to join the deep ocean
Along with the howling wind
Shifting back and forth
Like how money is ripped
Apart, pieces to pieces
Away from their busy hands
That brings food to the table
Comfy clothes to be worn
Be kept warm with a roof over the head: a house
Yet in the end
It is them who must mend
Must human life be worth monetary value?

Ashes

All that seems to be seen are scars
Of their weeping ancestors
    Left with nothing but deep marks
    From the burn; the whipping lash
    One cut, two cut, three cuts
    Blood slowly oozing out

Time has come to end their journey
    Passing down the torch
    To the next generation

The ancestral spirits start piling up
    The deceased spirits roam freely
    From the grasping hands of the oppressors

Willingly the just spirits start gathering openly
    Their voices are heard
    Through the rise of their clamp fists
    And thumps of their footsteps

Enough has been done
Their abuse came a long way
    For there should be no more
    They will soon regret it

For it was once believed
    Even in ashes
The phoenix can be reborn again

And the sun will rise again
    Bearing in mind
The ashes of those who are gone

They gathered and still fought
    In the end,
Those unjust, too,
Will turn to ashes

In due time
Their ancestors
And they will be fine.

Ratsamee Lee is a bilingual Hmong-American poet from St. Paul, Minnesota. She began her poetry journey in April 2022 at WorldFest in Marshall and has since performed at cultural events like the Minnesota Hmong New Year and spoken at Augsburg University. Her work appears in Southwest Minnesota State University publications such as the 2023 Telling Women's Stories anthology and the 2024 Perceptions journal.

www.ingramcontent.com/pod-product-compliance
Lightning Source LLC
Chambersburg PA
CBHW041822040426
42453CB00005B/134